아버지, 중절모

아버지, 중절모

초판 1쇄 인쇄 2023년 04월 17일
초판 1쇄 발행 2023년 04월 25일

지은이 금동건
펴낸이 박선해
펴낸곳 도서출판 신정

주소 경상남도 김해시 우암로 36, 뜨란채 아파트 311동 1004호
전화 010-3976-6785
전자우편 alkong3355@naver.com
출판등록 김해, 사00008, 2020년 9월 22일

ISBN 979-11-928079-8-0 (03810)

정가 12,000원

* 이 책은 저작권법에 따라 보호받는 저작물이므로 무단전재와 무단복제를 금지하며,
  이 책 내용의 전부 또는 일부 내용을 재사용하려면 사전에 저작권자와 도서출판 신정의
  동의를 받아야 합니다.
* 잘못된 책은 교환해 드립니다.

아버지, 중절모

금 동 건 제6시집

도서출판 신정

‖작가의 말‖

글을 시작하며...

　나도 청보리 같은 때가 있었습니다. 건들바람 지나간 자리 청보리는 젊음을 발산합니다. 어디로 흔들어 볼까! 푸르다 너무 푸르다 풋사랑도 이만큼 푸를까? 휘날리는 머릿속에 풍겨 나오는 그대 그리움의 자리, 보릿바람에 흔들리는 내 마음 육십 줄에 앉아 보니 청춘은 두 번 다시 오지 않는다는 사실, 나도 청보리처럼 젊어본 날이 있었지요. 젊음은 구름처럼 왔다 바람처럼 사라지는 미완성인 것을……

　어느 꽃비 내리던 날, 온 동네를 물들인 벚꽃의 흩날림에 꽃비가 되어 내렸습니다. 청춘 남녀 사랑의 속삭임에 더 붉어지고 끓어오르는 청춘 손잡고 사랑 노래 부르는데 나도 꽃비를 맞으며 사랑을 나눕니다. 흩날리는 벚꽃은 연분홍 단색이지만 내가 사랑하는 음식물 쓰레기통에는 **빨 주 노 초 파 남 보**의 아름다운 청춘의 색과 사랑을 나눕니다. 때론 생선 썩은 냄새가 향수를 대신해 주고 하룻밤 음식물 쓰레기통에서 곰삭은 진하고 구수한 진국물은 허기진 내 뱃속의 배고픔을 달래주곤 합니다. 벚꽃 비가 내리는 날 꽃보다 더 아름다운 쓰레기의 꽃송이는 푸시킨의 삶이란 시가 힘을 보태줍니다.

　삶이란 걸 살아오면서 대체적으로 현실은 치열했습니다. 비단 나만 그럴까요. 그 가운데 지금 나의 직업은 마음을 밝혀줍니다. 굳이 수양이라는 단어로 포장하지 않아도 되니 말입니다. 자연히 내려지는 마음을 알게 했습니다. 세상에 둘도 없는 나만의 직업으로 와줘서 행복할 따름입니다. 음식물 속에서 많은 詩들을 건져내고 있었으니 산다는 건 괴로울 시간도 고통이 무언지 찾는다면 그건 억지에 불과합니다. 다스리면 빛이 나는 마음을 알았고 미래가 보였습니다. 나의 사소한 글이 나를 지탱해 주고 힘이 되었습니다. 그러면 된 것입니다.

　나의 시는 사랑을 타고 구멍 난 가슴에 시가 울고 있다가 끄집어 내 달라고 별빛 달빛에 하소연 합니다. 스쳐가는 시향이 아무리 곱다 한들 내 어머니의 젖가슴보다 고울까요. 밤이면 쓰레기와 사랑하는 나, 시는 쓰레기통 속에서 흐드러지게 모락모락 피어오르는데 연필은 따라가는 손끝, 나의 마지막 시를 어루만져 모두에게 행복한 일상으로 선물처럼 다가가주기를 서원합니다.

2023년 4월을 보내며...

차례

• **작가의 말** ································· 4

제1부 아부지, 아버지

평생의 죄 ································ 14
명석한 아버지 ························· 15
연탄가스 ································ 16
아버지는 산불감시원 ··············· 17
아버지 보고 싶어요 ················· 18
비빌 언덕이 없다 ···················· 19
아버지의 눈물 2 ······················ 20
아버지 땀 냄새가 그립습니다 ··· 21
아버지와 췌장암 ····················· 22
설날에 ··································· 23
아버지, 중절모 ······················· 24
거울 앞에서 ··························· 25
그리움 ··································· 26
매화꽃이 필 때면 ···················· 27
아버지도 아버지가 보고 싶다 하셨다 ········ 28
아버지 중지 손가락 ················· 29
아버지의 눈물 ························ 30
착한 아들 ······························ 31
아버지의 큰 말씀 ···················· 32
감기와 아버지 ························ 33
아버지 치아 ··························· 34
짠한 아버지 ··························· 35

아버지의 전화번호 ·················· 36
나와 인연 ························ 37
나를 돌아본다 ····················· 38

제2부 다시 부르는 엄마

울 엄마 2 ························ 40
바다보다 넓은 엄마 ················· 41
엄마 품 속 ······················· 42
엄마의 아기로 남고 싶다 ············· 43
잠 못 이루는 밤 ··················· 44
15세 소녀 소풍 떠나다 ·············· 45
소중한 어머니 ····················· 46
곡기를 끊은 엄마 ·················· 47
긴장의 끈을 놓았다 ················· 48
비보를 들었다 ···················· 49
엄마의 바람소리 ··················· 50
엄마 냄새 ························ 51
하늘나라 계신 당신께 ··············· 52
울 엄마가 그리워진다 ··············· 53
당신을 기다립니다 ·················· 54
엄마는 가을이다 ··················· 55
엄마의 빈자리 ····················· 56
엄마의 가을이 땀 냄새로 얼룩지다 ······ 57
엄마의 봄이 오면 ·················· 58

7

엄마는 봄이다 ················· 59
엄마 젖가슴 ··················· 60
밥은 먹고 다니냐 ············· 61
엄마 밥 한 번 먹어요 ········· 62
그립습니다 ···················· 63
엄마야 ························· 64

제3부 가족시

내 위에 형아 ·················· 66
동지팥죽 ······················ 67
엄마 비대면 면회 ············· 68
보름달 ························· 69
떡국 ···························· 70
된장찌개 ······················ 71
가족사진 ······················ 72
우리 동네 ····················· 73
소망 ···························· 74
초록이 물들다 ················ 75
내 청춘도 되돌아올까 ········ 76
각자 위치에 있을 때가 아름답다 ··· 77
닮고 싶다 ····················· 78
당신을 닮았나 봅니다 ········ 79
울 엄마 꽃 ···················· 80
때가 되면 ····················· 81

돌려야 먹고 사는 남자 ················ 82
나는 오늘도 달린다 ················· 83
진희는 ························· 84
고향집 ························· 85
힌남노야 고맙다 ··················· 86
추석명절 ························ 87
인생도 익어간다 ··················· 88
생일 ··························· 89
사랑입니다 ······················ 90

제4부 몽당시

야화 ··························· 92
봄 아가씨 ······················· 93
매화 ··························· 94
봄비 내리다 ····················· 95
입춘이 왔다기에 ··················· 96
애기동백 ························ 97
인동초 ························· 98
신어천 ························· 99
동백 ························· 100
오월의 품속에 ··················· 101
사랑 ························· 102
매미 ························· 103
세월이 약이겠지 ················· 104

매일 묻고 매일 답하라 ·············· 105
걱정 ····························· 106
한파 ····························· 107
새벽을 여는 사람 ·················· 108
가을 입성 ························ 109
뙤약볕 ··························· 110
햇빛 ····························· 111
친구란 말이다 ···················· 112
열대야 ··························· 113
샅바 싸움 ························ 114
인생이란 ························· 115
인간성 ··························· 116

제 5 부 서정시

넌 왜 자꾸 떠오르니 ··············· 118
무화과 ··························· 119
찔레꽃 당신 ······················ 120
나의 그대가 되어주세요 ············ 121
청포도는 익어 가는데 ·············· 122
능소화 연정 ······················ 123
중년이니까 ······················· 124
가을이 온 건가요 ·················· 125
하늘이 맑고 깨끗하다 ·············· 126
그대 이름은 바람 ·················· 127

너도 나도 꽃도 지친 나날 ················· 128
곰팡이 ························ 129
시 쓰기 공부방 ····················· 130
그대가 그리운 밤에 ··················· 131
칼바람이 얼굴을 베었다 ················· 132
터질듯 한 쓰레기 ···················· 133
이쑤시개 ························ 134
봄 편지 ························ 135
늙으니까 서럽더라 ··················· 136
꿈 ···························· 137
나도 아름다웠을 때가 있었다 ············ 138
사랑이 이런건가요 ··················· 139
내 사랑 ························ 140
프레지아 사랑 ····················· 141
사랑은 비처럼 찾아옵니다 ·············· 142
개나리는 진달래를 사랑합니다 ··········· 143
그녀를 기다리며 ···················· 144
당신이란 사람 ····················· 145
당신은 목련꽃 ····················· 146
봄바람입니다 ······················ 147
그날 아침에 ······················· 148
목련꽃에 분 냄새가 ··················· 149
꽃비는 사랑이다 ···················· 150
거베라 ························ 151
동백 이슬 ························ 152
당신과 나 ························ 153

11

당신 ································· 154
무제 ································· 155
창밖에 비 ··························· 156
독백 ································· 157
그래도 ······························ 158
호수 하나 ··························· 159
또 꽝이다 ··························· 160
수수방관 ···························· 161
쓰담쓰담 ···························· 162
대상포진 ···························· 163
자화상 ······························ 164
당신을 기다렸습니다 ············· 165
미안합니다 ························· 166
시어 찾아 ··························· 167
사랑이란 ···························· 168
장맛비 2 ···························· 169
장맛비 1 ···························· 170
지금은 장마 ························ 171
매미의 사랑노래 ··················· 172
가을 한 알을 주웠다 ·············· 173
아프지 마세요 울지 마세요 ······ 174

- **글을 마치면서** ················· 175
- **발행인의 말** ···················· 176
- **축하 메시지** ···················· 178

제1부
아부지, 아버지

울 아버지

울 아버지 잊고 살았는데
소풍 떠나신 아버지가 그립다
버팀목이 되어 주시고
힘과 용기를 주신 울 아버지
살아생전
생선 한 마리 쇠고기 한 근
대접하지 못하였을까
가을 초입이면
울 아버지가 그립다

2019년 9월 23일

평생의 죄

유년 시절
잘되라 꾸짖던 부모님
그것도 모자라
도시로 유학까지 보내주셨는데
가정 이루어서는 처자식 삼매경
먹고 살만하여 뒤돌아보니,
부모님 저만치 계시니
천하의 못된 놈
평생 죄인의 굴레를 쓰고 산다

2019년 10월 29일

명석한 아버지

아버지는 일제강점기 때 소학교 중퇴자다
그렇지만 아버지는 동생을 서울대에
당당하게 공부를 시킨 자랑스러운 형이다
어머니 조실부모하고 긴 험한 세상
굳건히도 살았으니 오늘에 내가 있었다
소학교 중퇴자 아버지는 명석한 두뇌를 가진 자다
일본어 중국어 역학 사주 궁합 특히
시 창작에도 능수능란하신 분이다
정초가 되면 안방은 북새통이다
아버지는 부지런함에 대명사다
게으른 모습은 한 번도 본 적 없는 빈틈없는 사람이셨다
하여, 나도 아버지를 닮은꼴인 것 같다
진실함 부지런함 남을 배려하는 마음
시 창작에 능숙한 아버지의 명석한
유전자를 물려받은 금동건이다

2023년 3월 9일

연탄가스

부산에서 유학 중 부모님이 보고 싶어
김해로 달려와 대문을 두드리니 아무 기척이 없었다
담을 넘어 방문을 열어보는 순간
연탄가스 냄새로 가득 찼다
큰일이다
아버지 어머니는 쓰러져
움직이질 못하시고 오줌똥을 싸시고
입에는 거품을 품고 계셨다
얼른 창문을 열어 환기시키고
아버지부터 어머니를 밖으로 들쳐 내서
공기를 마시게 하고 온몸을 주물러 드렸다
큰일을 당할 뻔하였다
그날 부모님 댁에 안 갔더라면
오늘날 아버지 어머니가 계셨을까

2023년 3월 8일

아버지는 산불감시원

아들은 병약한 몸으로 이것저것
하는 직업마다 다 퇴짜 당하고
체력 보강이나 시키려 아버지는
산불감시원으로 추천해 주셨다
서류심사에 합격이란 소리에 당장
오토바이도 사고 안전화도 사고
시청 산림녹지과에 출근을 합니다
어라 이게 무슨 일인가요
아버지가 추천해 주셨는데
아버지를 감시하는 담당자인 기동대로 편성되었다
사실 아버지께서는 동네 산불감시원을
오래전부터 보셨기에 활천동에서는
성실함과 근면성으로 소문 자자하셨다
산불감시원 일로 나의 체력은 살아나기 시작하여
지금 이 자리에 있지 않았나
아버지 산불감시원께 감사드립니다

2021년 3월 7일

아버지 보고 싶어요

췌장암 선고 받으시고
깊은 고심을 하시다
훨훨 구름타고 가신 우리 아버지
등이 휘어 꼬부랑 나무가 되어도
아프다 엄살 한번 부리지 못하시고
무거운 짐 평생 짊어지시다
쓰러지시고야 내려놓으신 아버지
봄날이면 채전 밭 일구어
자식 입에 넣어주시던 제비의 사랑
정작 본인은 고등어 한 마리도
못 드시고 소풍을 떠나셨다
미처 가지고 가지 못한 도시락은
내 마음속에 남아 아버지를 기다립니다
언제가 될지는 모르지만
나도 아버지처럼 무거운 짐
내려놓을 날이 있겠지요
당장 아버지가 보고 싶어요

2021년 3월 6일

비빌 언덕이 없다

소도 일하다보면 힘들고 지칠 때
언덕에다 화풀이를 한다
삶을 지금껏 살아오면서
힘들지 않았다면 거짓말이다
어느 순간 나에게 다가온 위기
주위를 살펴보아도 도움과 용기를 줄
그런 사람이 없다는 거
이럴 때 아버지가 계셨다면
달려가 주절주절 아버지란 언덕에 비볐을 건데
지치고 힘들 때는 음식물 쓰레기와 대화하는 게
나의 유일한 비빌 언덕이다

2021년 3월 27일

아버지의 눈물 2

아버지 살아생전 눈물을 본적이 없다
워낙 자식 위한 강철 같은 분이셨다
아버지의 눈물을 처음 본 것은
셋째 형 보증 섰다가 빚 갚느라
보금자리의 집을 헐값에 팔았을 때
뒤돌아서서 큰 눈물을 흘리셨다
아버지의 눈물이 마치 장맛비처럼
흘러내렸던 그 모습 지금도 아른거린다
당신의 눈물 속에 우리가 있었다는 걸,
아버지의 무너지는 모습을 방치 하였다
좀 더 일찍 철들었으면 나라도
아버지의 눈물을 막을 수 있었는데
가끔 그 동네를 지날 때 아버지가 보인다
나를 부르는 소리도 들린다

2021년 8월 3일

아버지 땀 냄새가 그립습니다

무덥던 여름 어느 날 아버지는
밀짚모자를 쓰고 논 일 나가셨다
벼와 피가 들썩여 자라는 물 논에
거머리 손보다 더 빠르게 피 설이를 하셨다
땀방울이 소나기 내리듯이
밀짚모자 정수리를 타고 내린다
집에 돌아오실 때면 땀방울은
화학물질로 변해 신 냄새로 둔갑하였다
그 냄새가 얼마나 싫었던지 피하기도 했습니다
그런데 말입니다
아버지의 구수한 땀 냄새가
그리운 이유는 무엇일까요
해뜨기 전부터 흘리신 그 땀 냄새
그때는 얼마나 싫었는지 곁에서 잠을 설쳤지요
이제는 알 것 같습니다
아버지와 함께 가신 그 땀 냄새
구수한 향기로 남아 있지만
지금은 맡을 수 없으니
아버지의 땀 냄새가 그립습니다

2022년 10월 1일

아버지와 췌장암

80십이 넘은 연세에도
논 밭 일에 건강하셨던 아버지(금인수)
본인도 모르게 찾아온 옆구리 통증
부랴부랴 대학병원 진단결과
췌장암 말기라는 결과가 나왔다
아버지를 모시고 간 형님도 놀랐다
차마 아버지께 췌장암 말기라고
말씀을 드리지 못하고 속만 썩였다
퇴근길 넷째야 물파스 사오너라 하셨다
옆구리가 아파 물파스 바르면 안 아플 것 같다고
꼬부라진 물파스를 사서 달려가
옆구리에 발라드리니 아! 시원하다 하셨다
그때까지도 본인이 췌장암 말기라는
사실을 모르고 계셨다
항암제 치료받으며
시름시름 물 한 모금 못 마시고
육신에는 습기 없는 빈손으로
존재의 가치가 없는 소풍 길 떠나셨다

2022년 10월 7일

설날에

아버지 어머니 집도 없다
아버지도 엄마도 계시지 않는다
두 분은 사진 속에서 만난다
오늘 같은 날은 더 그립고 보고 싶다
문턱이 닳도록 드나들었던
초선대 허름한 부모님 집
그 이상도 그 이하도 더 좋은 집은 없다
그리고 새로 이사한 빌라는 쓸쓸함이 가득하였다
햇볕이 들지 않아 늘 흐린 날에
정지가 되어 있었다
기름 값 아낀다고 전기장판에 의지하여
두 분이 오돌 오돌 떨고 계셨는데
이제는 그럴 필요가 없다
두 분은 뜨거운 불구덩이에서
제대로 불 맛을 보시고 소풍 떠나셨다
일과시간 음식물 쓰레기를 수거할 때는
일에 도취되어 늘 잊고 살았는데
설 추석 내 생일날과 힘들 때 두 분,
엄마 아버지가 그리움으로 사무친다

2023년 1월 22일

아버지, 중절모

"아버지"
소풍 보내드리고
유품 정리하다
옷걸이에 걸린 중절모
보는 순간 눈물이 울컥
내 머리 위에 올려 보니 안성맞춤이다
살아생전 나들이 나가실 때
쓰고 나가시던 모자
하찮고 보잘 것 없는 중절모
아버지 마지막 주신 선물이라
꽃 피는 춘삼월
임 마중 꽃 마중에
멋스럽게 쓰고 나가리라

2023년 1월 30일

거울 앞에서

반짝반짝 빛나는 거울을 보는 순간
뜨악! 아버지가 왜 거울 안에 계시는지
내 나이 때의 아버지 모습이다
부자간의 닮은꼴이다
새치머리 눈 밑 심술주머니 땀 흘림
주름살까지 아버지를 쏙 빼닮은 꼴이다
젊어서는 딱딱한 음식을 좋아하셨고
육십을 넘어서는 연질 음식을 드시는 것
꾸밈없는 순수함까지 부자간의 닮은꼴이
거울 속에 함께 존재하는 이유다
그래서 목욕하고 큰 거울을 볼 때면
또 다른 나 그리고 아버지 모습을 본다

2023년 2월 12일

그리움

흐르는 시간 속에도 스쳐가는
그리움으로 떠오르는 아버지의 잔상
지울 수도 잊을 수도 없는 아버지
외로움으로 내 가슴에 자리 잡는다
슬픔과 그리움 흐르는 물속으로
흘려보내려 안간힘을 써보지만
나를 이끌어 긴 터널 속으로 끌어 들인다
잊을 수도 지울 수도 없는
그리움만 남기고

2023년 2월 14일

매화꽃이 필 때면

이른 봄 매화꽃이 필 때면
아버지는 봄 마중을 나가셨다
겨우내 추위에 떨었을 마늘밭에
한 포기마다 말을 걸어준다
잘 잤냐
춥지는 않았냐
이렇게 자라서 고맙다
배고프지 하시며 거름도 듬북
고랑마다 넣어주셨다
농부는 작물과도 대화를 나눈다
아버지 소풍 떠나시기 전에도
마늘밭에 마늘들과 작별의 인사를
다소곳이 하시고는 5월에 떠나셨다

2023년 2월 15일

아버지도 아버지가 보고 싶다 하셨다

나에게 아버지가 계신다면
아버지도 아버지가 계셨다
농사철 아버지 바지에는 늘
흙이 달려있었다
농사꾼으로만 살아오신 세월
세상에 가장 위대한 직업은
만인을 먹여 살리는 농사꾼이 최고다
한 톨의 씨앗이라도 헛되게 해서는 안 된다고 늘 말씀하셨다
그러면서 힘들고 지칠 때 나에게 그러셨다
넷째야 나도 아버지가 보고 싶다 하셨다
너는 애비가 옆에 있어 참 좋지
맞다!
아버지도 아버지가 보고 싶을 때가
있었다는 사실 나만 몰랐다

2023년 2월 16일

아버지 중지 손가락

풍성한 벼 타작을 하던 가을 날
경운기 벨트를 연결하던 중
아버지는 악 비명을 지르셨다
우리는 깜짝 놀랐다
아버지 손가락에는 붉은 피가
쉼 없이 흘러내렸다
벨트를 연결하다
중지 손가락 한마디가 절단된 것이다
병원에 가지도 않으셨고
기름걸레로 둘둘 말아 통증을 이기고 계셨다
그 이후 아버지는 겨울철이면
잘린 중지 손가락이 가장 시리다 하셨다
소풍 떠나기 전 두 손을 잡아드리는 순간
그 손가락이 가장 먼저 눈에 띄었다

2023년 2월 21일

아버지의 눈물

지금껏 아버지의 눈물을 본 적이 없었다
췌장암 판정 항암치료 받고
집에 오시는 날이면 파김치가 되어
유독 힘들어하셨고
살이 쏙쏙 내리고
입맛도 급속도로 떨어져
곡기도 입에 넣지 못하시며
마지막 남은 눈물을 흘리셨다
할아버지 돌아가시고
이렇게 흘리시는
아버지의 눈물을 본 것은 처음이다
늘 정직하고 강건하셨던 아버지
살아오면서 수많은 파도
비바람 태풍을 품에 안고 살았지만
췌장암에는 힘도 써보지 못한 채 쓰러지고 말았다

2023년 2월 23일

착한 아들

나라 애비야
예 아버지
내일 너의 자동차로
어디 쫌 갔다 오자
아버지 몇 시까지 갈까요
응 니 마치면 몇 시고
마치고 바로 오면 되것다
이튿 날 아버지가 오시라는 시간에 도착하면
아버지께서는 나라 애비가 최고다
시간 똑 소리 나게 잘 지키제
말썽 안 피우지 나라 애비
니가 최곤기라 하셨다

2023년 2월 24일

아버지의 큰 말씀

춘사월 초 어느 날 일요일 오후
아버지는 병원이 답답하다며
마늘밭에 갔다 오자 하셨다
힘든 내색도 않고 마지막 남은
거름 한 바구니를 마늘에게
쓰담쓰담 덮어주고 병원에 돌아오는 길
아버지는 나에게 큰 가르침을 주셨다
그것도 3가지씩이나
남에게 손가락 받는 짓 하지 마라
빚지지 마라 빚은 패가망신 길이다
글은 안 쓰면 안된데이
내게는 뜨거운 눈물을 흘리게 하는
큰 말씀이며 가르침이다
하여 살아가면서 남이 손가락 짓을
하지 않을까 노심초사이며
칭찬을 받을 때는 칭찬 받을 일을 하였는가
돌이켜보는 참회의 시간을 가져보며
아버지의 큰 말씀에 잊지 않으려
선비정신으로 하루하루 초심으로 살아간다

2023년 2월 24일

감기와 아버지

동지섣달 한겨울 겨울방학
시냇가 얼음판 위에 설매 타고
형님 뒤따라가다 한 발이 물에 빠져
긴긴밤 콜록콜록 기침을 할 때면
아버지는 새벽녘 소죽 끓이려 일어나
뒤뜰에 산죽을 베어와 파뿌리와 함께
푹 고아 진국 한 사발을 건네 주셨다
이튿 날 밤은 고뿔이 어디로
휙 도망갔는지 긴 밤 깊은 잠을 잤다
고뿔이 걸리면 조약을 해주신 큰 어른은
그 강을 건넌지 오래되었다

우리 아버지

2023년 2월 26일

아버지 치아

췌장암에
항암치료가 얼마나 독했을까
돌도 씹어 넘기던
아버지 치아도 다 드러나와
흔들흔들 춤을 춘다
면회 도중 아부지
치아가 너무 흔들려
앞니 뽑아 삐끼예
아이다 배기 싫다 아이가
마따
치아는 아버지의 자존심이었다
왜 나는 그것을 몰랐을까?

2023년 2월 27일

짠한 아버지

늙고 병든 한 그루의 인 나무
나 어릴 적 그렇게 커 보이고
존경스러웠던 아버지
더운 날 그늘이 되어주시고
비 내릴 땐 우산이 되어주시던
높고 넓은 아버지의 존재감
백수에 다다른 종착역에서
그 위용 어디로 사라지셨는지
주름살만 가득한 초라한 아버지
날마다 달마다 해마다
변해가는 큰 나무의 육신
바라보자니 짠할 뿐이다

2021년 7월 10일

아버지의 전화번호

초 잎이 하늘을 가리는 유월 어느 날
아버지는 이 세상과 이별을 하셨지
비가 촉촉이 내리고 어둠이 내려앉은 생의 마지막
길 호스피스 동 병실에서
손에 움켜쥔 2G폰의 호출 벨 소리
마지막 전화도 받아 보지 못한 채
울고불고 붙잡아도 뒤도 보지 않고
반신불수 육십 년 지기 아내를 두고
아버지는 이 세상과 이별을 하셨지
혹시나 하여 010-9669-1233으로 돌리니
아버지와의 통화 연결은 안 되고
이 번호는 없는 번호라 한다

2015년 6월 14일

나와 인연

봄에 꽃이 피고 지고 열매 맺듯이
나와 어떤 만나고 헤어지고
누군가는 인연이 되어
함께 오순도순 오물조물
이야기 나누는 고은 사이
정 쌓고 있습니다
만남이 있으면 헤어짐 있듯이
진실과 사랑이 있다면
만남은 나에게 큰 행운이겠지요
또한 하루를 살아가는 원동력이며
음식물 쓰레기를 사랑하는 원천이겠지요

2022년 8월 14일

나를 돌아본다

누구도 방해하지 않은 고즈넉한 밤
나를 돌아다 보려합니다
매일을 알뜰살뜰 시간을 아끼며
진정성으로 살았다는 자부심으로
이 글을 쓰고 있습니다
그런데 말입니다
나 혼자 잘났다 자부심으로
실수도 무덕무덕 남아 있을 겁니다
음식물 쓰레기도 여기저기 흘리는 실수도 하였습니다
그래도 괜찮습니다
누구보다 진정성 있게 일을 하였습니다
후회하지 않습니다

2022년 10월 1일

제2부
다시 부르는 엄마

울 엄마

예수님보다
부처님보다
더 위대한
울 엄마
지금 내 곁에
안계시니
더 큰 위대함으로 남는다

2022년 9월 6일

울 엄마 2

울 엄마 마지막 가시는 길
새처럼 훨훨 날아
자유로운 영혼으로
비가 오면 비를 맞고
눈 내리면 눈사람도 만들고
바람 불면 부는 대로
흔들리는 갈대처럼
아픔 없는 세상에서
살았으면 좋겠습니다
다음 세대는 나의 딸로 태어나세요

2021년 12월 2일

바다보다 넓은 엄마

동지섣달 무서리가 내린
새벽녘에 일어나
정한수 한 그릇에 예를 올리고
하얀 서리가 도배한 김칫독 뚜껑을 열어
또각또각 김치 썰어 예쁘게 담고
장작불이 무 솥을 달구어
하얀 포말이 부엌 가득 흰 구름이다
아궁이 반쪽은 된장찌개 냄비를
반쪽에는 감자와 고구마를 잿불에 묻어
바삭바삭 익은 감자 고구마
학교 갈 때 간식으로 주셨는데
인생은 공수래공수거
바다보다 넓은 엄마는 어디쯤 계실까

2022년 11월 26일

엄마 품 속

그립다
그립다 못해 눈물이 난다
찬바람이 부는 겨울 초입
엄마는 그랬다
나라 애비야 무 배추 가지고 가라
적으나 다나 김치 담가 먹어라
올해는 무 배추 갔다 무라 라는
엄마는 계시지 않는다
엄마의 품속처럼 따뜻한 그리움도
이제는 목울음으로 삭혀야 한다
두 손 꼭 잡고 아이고 내 새끼
와 이리 손이 차노 하시며
서슴없이 젖가슴에 꼬옥 넣어주시던
엄마의 따뜻한 품속이 그립습니다
화장장 불구덩이 들어가도
눈물 한 방울 흘리지 않았는데
추운 겨울의 길목에 사무치는 눈물이 나는 이유는
무엇일까요?

2022년 11월 18일

엄마의 아기로 남고 싶다

잊히지 않는 사람이다
엄마의 젖무덤 체온 냄새 얼굴
아기 때는 젖가슴을 가지고 살았고
어려서는 체온을 느끼며 살았고
커서는 냄새를 맡고 살았고
성인이 되어서는 얼굴을 보고 살았다
엄마는 이 세상을 떠나시고 안 계시지만
소맷자락에 묻어나는 된장찌개 냄새가 그립다
나이 육십이 넘어도 아들 왔나
이불 속에 묻어두었던 홍시 한 알
꺼내어 주시던 엄마의 큰 사랑
엄마는 다 큰 자식도 품 안에 넣어주셨는데
나는 엄마를 품 안에 품지 못하였다
그저 자식으로만 남았고
자식으로 지금껏 살았다
젖가슴 서슴없이 내어 줄 엄마는 안 계시지만
엄마의 영원한 다섯 살 아기로 남고 싶다

2022년 10월 4일

잠 못 이루는 밤

도통 밤이면 잠을 이루지 못한다
지난번 면회 때 곡기를 끊은 엄마가 눈에 밟힌다
숨을 멈추었다는 병원에 전화가 올까
칼날 같은 신경이 더 예리하다
입으로 씹는 곡기는 피와 살이 되는데
콧구멍으로 들어가는 멀건 물숙이
엄마를 얼마나 버티게 해드릴까
오늘 내일 글피 살아있는 자식의 양어깨는
바윗덩어리가 짓누르고 있다
울 엄마 오늘 저녁만은 견디세요

2021년 12월 13일

15세 소녀 소풍 떠나다

15세 아릿다운 한 여인이 그 강을 건넜다 그 강을 떠난 사람이 돌아 왔다는 사람은 아무도 없었다 먼저 떠나신 아버지도 지금껏 돌아오시지 않았다 가시면 아버지 두 손 잡고 함께 집으로 돌아오시려는가 2021년 12월 28일 오후 5시 55분경, 울 엄마 먼 소풍 길 떠나셨다 한 달 전 비대면 면회가 살아생전 마지막 모습이 머릿속에 각인이 되었다 당신을 너무 사랑하였습니다 손 한 번 잡아주지 않고 가시나요 당신을 안 보내려고 면회시간 재롱을 떨어 드렸는데 생각나시나요 15세 소녀는 씨앗을 뿌리고 떠났다 아들은 당신을 잊지 않겠습니다 고통도 병도 없는 세상에서 우리 다시 만날 그날을 기대합니다

엄마가 보고 싶으면 어떻게 합니까?

2021년 12월 28일

소중한 어머니

당신을 만나 행복하였습니다
새해 첫날이면
아들 딸 신수 사주를 보아주셨지요
모일 모날 조심하거라
늘 노심초사 자식 걱정으로
당신을 만나 버팀목으로 살았습니다
천륜의 인연으로
한평생 걱정으로 편안한 잠 버리고
쪽잠으로 지금껏 버텨준 질긴 삶
당신이 하늘나라 소풍 떠나시고야
정신을 차리고 철이 들었나봅니다
엄마는 일곱 자식 거느리셨는데
일곱 자식은 엄마를 거느리지 못하였습니다
당신이 주신 기쁨 사랑 소중히 여기며 살아가겠습니다
울 엄마 감사합니다 애쓰셨습니다

2022년 1월 1일

곡기를 끊은 엄마

힘이 나지 않는다 소화가 되지 않는다 내 살을 도려내듯 아프다 살을 만들고 생명을 주신 엄마가 곡기를 끊었기 때문이다 요양병원에서 누워 계신지 9년 여 세월 엄마도 지치고 힘이 들었나 보다 코로나19로 면회도 막혀버린 상태 2년 만에 이루어진 엄마와 비대면 면회 엄마는 콧구멍으로 호수를 넣고 나오셨다 난생 처음 보는 엄마의 모습이다 지치고 지쳐 이제는 다 내려놓은 것일까 곡기를 끊어버린 당신 입도 닫았다 불러도 흔들어도 다 귀찮은 모양이다 자식된 도리에 할 수 있는 일이 없다 그냥 쳐다보는 것뿐이다 울 엄마 이런 모습 처음이라 당황스럽다 엄마가 계시는 요양병원 음식물 쓰레기통에서 꽃은 피지만 힘이 나지 않는다 불쌍한 울 엄마

2021년 11월 28일

긴장의 끈을 놓았다

내게는 긴장의 끈이 없다 쪽잠 자는 일도 긴장의 시간도 다 날아갔다 오늘부터 두 다리 뻗고 자도 된다 요양병원에 들여다보거나 당신이 좋아하는 간식도 필요치 않다 울어도 소용없고 소맷자락 잡을 큰 상대도 없다는 사실, 아버지 소풍 길 떠나시고 버팀목이 되어주시던 어머니마저 불구덩이 속으로 한 몸 던지셨다 왜 눈물이 나지 않을까 왜 섭섭하지가 않을까 실망이 너무 커서 충격을 받은 걸까 오늘 부로 이 세상에 어머니는 존재하지 않은 영원한 부재중이다 불구덩이서 겨우 건진 한줌의 재를 들고 집으로 돌아오는 길이 허무 허망한 인생이라는 게 공수래공수거 아옹다옹 지지고 볶고 외면하는 삶 부모님께 죄짓는 미운털 나도 죽었다 살아나 보니 알겠더라

2021년 12월 29일

비보를 들었다

매주 들리는 요양병원
면회는 안 되지만 간식을 넣어드리는 자식의 엄마 사랑
엄마의 병실 창가에는 예쁜 파초꽃이
엄마를 지키고 서 있다
어떻게 해야 합니까
창문 사이 넣어드린 엄마의 간식이
되돌아 나왔습니다
일주일 전부터 기력이 쇠하셔서
호수로 영양을 공급한다고 합니다
가슴이 미어집니다
머릿속이 하얀 백지 상태입니다
아무 생각이 들지 않습니다
오늘 내일 호숫줄에 연명하시는 엄마
이런 비보를 들으니 빨간 애기단풍이
휘리릭 발등에 떨어져 위로를 합니다

2021년 11월 7일

엄마의 바람소리

새벽잠을 설쳤다
창밖에 울어대는 바람소리
마치 엄마가 나를 부르는 것처럼
청아하게 넷째야 하고 부른다
엄마가 떠난 빈자리에는 바람이 차지하고 있으며
엄마의 그 모습으로 구름도 부른다
하늘과 땅 사이 교신을 한
바람만 불어도 엄마가 오신 것 같은
착각의 늪에 빠진다
엄마가 나에게 주문을 내린다
백지에 주문 받은 글을 받아 적는다
엄마가 보고 싶어진다

2021년 12월 30일

엄마 냄새

김해 성모병원에서 한 여인이 별이 되었습니다
어제도 오늘도 찾아 갔다 왔습니다
그 여인을 찾으려고 말입니다
음식물 쓰레기는 변함없이 우뚝 서있는데
엄마 냄새가 물처럼 새어 나오던
환풍기는 돌지 않았습니다
다만 동백꽃이 눈물 되어 피어오릅니다
비로소 엄마가 이 세상 사람이 아님을
그제서야 알게 되었습니다
흔적이라도 있으면 찾아 갈 건데
별과 달님이 가로막아 된장찌개 냄새로
가득한 엄마의 소맷자락을 숨겨버립니다

2022년 1월 3일

하늘나라 계신 당신께

마음을 요동치게 만든 당신이
내 가슴에 닻을 내리고
어설픈 신혼생활 시절이 그립습니다
하늘이 내려주신 딸아이 출산에
핏덩이 감싸 안고
피로 둔갑한 당신의 희생
무한한 당신의 사랑으로
밤 깊은 줄 몰랐는데
오손 도손 정겹던 세월
당신 떠난 지금
당신의 팔베개가 그립습니다

2023년 1월 30일

울 엄마가 그리워진다

당신은 가장 멀리 있는 사람
불러도 대답이 없고
울어도 토닥여 주지 않은 사람
생각만 하여도 두 눈 가득 눈물이 난다
당신이 그립다
겨울 햇빛이 서성이는 황혼 빛
찾아갈 수 없는 그곳을 향해
술 한 잔 올리며 아픔을 삭혀본다
방긋 웃음 짓는 엄마의 미소
봄이면 흰 민들레꽃 되어
집으로 돌아 오실거지요?

2022년 1월 18일

당신을 기다립니다

당신을 기다립니다
봄바람 살랑살랑
뽀샤시 새싹을 기다립니다
나비도 기다려도 될까요
사랑을 기다립니다
목소리 낮게 깔고
부드러운 목소리로 불러봅니다
피부에 전해지는 온기를 기다립니다
따뜻한 봄기운이 아가의 기지개를 기다립니다
그러면 봄은 내 옆에 기다리겠지요

2022년 1월 29일

엄마는 가을이다

나라 애비야
와 엄마
요새 바쁘나
아이다
바쁜 거 없다
와 집에 안 오노
넷째가 보고 싶나
고매 줄거리 게리 났다
가가라
올은 안 된다 낼 가지러 갈게
여자는 많지만 엄마는 단 한 분뿐
엄마의 가을은 더 이상 오지 않는다

2022년 9월 23일

엄마의 빈자리

매일 병실 창문을 바라보며
환풍기가 돌아가는지 확인 한다
아직도 엄마는 요양병원에 입원
나를 기다리는 것 같다
넷째야 왔나 하는 것 같은 환청이 들린다
집에 계시는 것보다
병원에 더 오래 계셨으니 그럴 만 하다
올 추석에는 병원 대문에 우두커니
다른 엄마의 모습만 보고 왔다
내 곁에 엄마는 늘 함께하지만
엄마 부재의 빈자리는 공허함이
포도알처럼 쌓이고 있다

2022년 9월 21일

엄마의 가을이 땀 냄새로 얼룩지다

엄마는 흰 수건 접어 쓰고
가을을 수확하러 밭으로 가십니다
첫서리 내리면 할 일이 태산이랍니다
고구마도 캐고 논두렁에는 배추 무가
옹골차게 엄마를 기다립니다
질긴 콩 타작 먼지 가득 둘러 쓴 벼 타작에
엄마는 콩죽 같은 땀방울이 눈을 가려도
자식 같은 씨앗 한 알 버리지 않습니다
어둠살이 지고서야 땀 냄새로 얼룩진
지친 몸 고무신과 함께 집으로 돌아와
아궁이에 불을 지펴 저녁밥을 짓습니다

2023년 10월 2일

엄마의 봄이 오면

꽃피는 춘삼월 휠체어 타고
마실 나가려 약속 하였는데
정작 봄이 되니 엄마의 봄은 없다
조금만 버터만 주길 기도 드렸는데
매화향 그리움 가득 품은 체
엄마는 동짓달 소풍을 떠나셨다
매실 장아찌 장독대만 우두커니
잿빛 먼지 가득 뒤집어쓰고
그리움 뚝뚝 떨구고 있다

2022년 3월 7일

엄마는 봄이다

넷째야
집에 왔다 가거라
와
엄마 먼 일 있나
아이다 먼일은
나새이 캐 낫다이가
가지고 가라
된장 넣고 끼리 무라
오이야
알았다 엄마
엄마의 봄은 더 이상 오지 않는다
그냥 하늘만 쳐다본다

2022년 3월 10일

엄마 젖가슴

울며불며 보채면
서슴없이 내어주시던
당신의 젖가슴
만지작 꼼지락
장난감도 되어 주었지요
칠형제 마르고 닳도록
다 빨아먹고도
손은 젖가슴에 있으니
이제는 만질 수 없는 그리움으로

2022년 4월 3일

밥은 먹고 다니냐

삽작문에 기대어 기다리시던 어머니
아들이 도착하면 누구보다 먼저
반겨주시며 밥은 먹고 다니냐
하시던 어머니
이제는 반겨주는 일도
밥은 먹고 다니냐 라고
말을 걸어 주시던 어머니는 안계신다
그 빈집에는 언제 와 집을 지었는지
거미들이 차지하고 있다
얼기설기 앞을 가리는 거미줄
마치 어머니가 손을 내밀어 주는 듯
착 달라붙어 말을 건넨다
밥은 먹고 다니제 라고 묻는다

2022년 6월 18일

엄마 밥 한 번 먹어요

날씨가 더워지고 있습니다
모내기도 끝이 나고
참방참방 개구리 뛰는 논 한가운데
구름이 지나가는 풍경에
엄마 얼굴이 떠오릅니다
된장찌개도 정구지 찌짐도
내가 좋아하는 엄마표 맛난 음식이
식탁 가득 그때를 기억합니다
엄마 밥 한 번 먹어요
아들이 끓인 된장찌개 맛보여 드릴게요

2022년 6월 20일

그립습니다

당신이 그립습니다
보고 싶어도 볼 수 없는 현실
된장찌개 냄새 가득한
당신의 소맷자락이 그립습니다
내일이면 엄마의 보금자리도
남에게 팔려 갈 채비를 합니다
자식에게 자양분 거름이 되어주신
우리 엄마 당신이 그립습니다

2022년 8월 15일

엄마야

엄마가 계시는 병원에 다다르자
구급차의 뒷문으로 들것에 의해
관이 실려 나온다
그리고는 병원 로비로 들어가며
웅성거리는 소리가 들린다
병원 화단에는 하얀 국화가 만발인데
먼 길 떠나는 망자를 위로라도 하는 건지
다행인 것은 울 엄마는 잘 계시다고
병원관계자에 사진을 보내 왔기 때문이다
가을은 아름다운데 떠나는 이의 마음과
남은 자의 두 갈래 길에 서서 보니
영원한 생명은 없다는 답을 얻으며
음식물 쓰레기통에 떨어지는 벚나무
단풍이 내 마음을 위로해준다

2021년 10월 27일

제3부
가족시

애상

사랑도 미움도 모두 다 벗어버리고
머나먼 그 강을 건너가는 우리 형님
사랑님 고운님 서러워 어찌하나
다시는 돌아올 수 없는 머나먼 소풍길
서러워라 서러워라 서러워서 어찌하나
살아갈 길 천 리 만 리 남았는데
엄마보다 먼저 가는 불효자식
복사꽃 만발하는 봄날이
당신 앞길에 등불 되어 밝혀주네요
잘 가소 잘 가시요 돌아올 수 없는 그 길
서러움도 미움도 세월에 씻겨 지면
언제 그랬던가 잊혀 지겠지요

2021년 3월 22일

내 위에 형아

쌍코피 흘리면 양손 옷자락이
함께 빛나던 형아는
나와는 세 살 차이며
형아는 싫다고 하여도
꿀밤 한 대 맞고도 따라다녔다
라면이 처음 나왔을 때 가장 먼저
맛 나는 라면을 맛보게 해주었다
내 위에 형아와는 다른 형제보다
함께 하는 시간이 많았다
일을 벌이면 서로 도와주며 토닥토닥
서로를 위로하는 각별한 사이다
각자 다른 동네에서 살지만
명절이나 생일 시나브로 함께 한다

2023년 2월 28일

동지팥죽

엄마는 흰 가루로 요술을 부린다
새알도 낳고 딱딱한 팥알도 허물허물
섬섬옥수 엄마 손 안에 빛나는 구슬
팥죽에 숨은 보석 한 알 두 알 캐는 재미

2022년 12월 22일

엄마 비대면 면회

은행잎이 노랑 저고리로 갈아입었다
잔바람에도 팔랑 나폴 춤을 추는 가을
엄마가 보고 싶어 참을 수가 없기에
딸 조카 형님과 예약된 오전 10시에
비대면 면회장에 기다리니
침상위에 가지런히 누워계신 엄마의
모습이 내 눈알을 흐리게 한다
2년 만에 만남인데 순간 울컥 가슴이 미어지고
가슴은 소나기보다 더 굵은 눈물을 흘리고 있다
곡기를 끊기 일보직전이란다
콧구멍으로 호수를 넣어 주사기로
멀건 물죽을 넣어 밥을 대신한다고 한다
불러도 흔들어도 대답 없는 울 엄마
먼저 소풍 떠난 서방님이 그리운 것인가
아니면 둘째 아들이 먼저 떠난 것을 아시는 걸까
그래서 말문마저 닫아버린 것일까?
불쌍한 울 엄마

2021년 11월 14일

보름달

엄마가 보고 싶을 때
눈물보다
먼저
하늘에 떠 있는
보름달을 쳐다본다
그리움 삭히며 바라본 보름달
엄마가 빙그레 웃고 있다

2022년 2월 15일

떡국

엄마는 그믐 사흘 전이면 벌써부터
하얀 쌀가루로 비비고 비벼
가래떡을 만들어
한 조각 두 조각 요술을 부렸다
설날 아침이면 더 바쁘셨던 울 엄마
아들을 다섯이나 두었기에
본인에게는 손톱만한 도움이 없다
그저 업장이니 생각하셨다
시아버지 돌아가시고 3년 상도 치르고
본인은 정작 요양병원에서 12년을
병상에 누워계시다
쓸쓸하게 뒤도 보이지 않고 떠나셨다
떡국 한 그릇 대접하고 싶은데
엄마의 흔적도 보이지 않는다
설날인데도 외로움과 쓸쓸함이
파도처럼 밀려와 눈시울을 적시게 한다

2023년 1월 22일

된장찌개

된장찌개가 구수한 포말을 토한다
엄마가 만든 손 두부 여러 조각
풋 호박이 산산조각 춤을 추고
진정한 엄마의 땀방울 눈물방울이
더 보태진 잊을 수 없는 엄마의 참 맛
보리밥 한 양재기 비빔밥에
수저 부딪치던 형제들의 밥 싸움
엄마가 끓여 주신 밥 한 그릇 뚝딱 똑딱
비우고 싶다

2021년 6월 27일

가족사진

번개보다 빠르게 지나가는 잔상
문득 여백에 가족사진을 그린다
칠남매를 그리고 주위에
칠남매의 자식들이 에워싸고
맨 앞줄에 어머니를 그리고
다음 아버지를 그리는데
앗차 아버지가 계시지 않는다
깜짝 놀라 선잠에 깨어나
두리번 주위를 살피니
노란 민들레가 웃고 바라본다

2021년 4월 3일

우리 동네

분성산이 내려 보이는 우리 동네 어방동
옹기종기 새어나오는 고기 굽는 냄새
예전의 마을은 사라지고 없지만
김해평야의 드넓은 마음만큼은
풍요롭고 아름다운 풍경
초선대 미륵보살님 굽어 살핀다

2022년 6월 20일

소망

금동건 베스트 하우스가
따뜻한 달이 되었다
태풍도 더위도 묵묵히 이겨온
보라색 하우스에는
소망 가득한 결실이
알알이 차오르고 있다
베스트 하우스에는
정열의 꿈과 소망이 김해 명산
신어산에 걸린 햇살을 주워 담는다

2022년 2월 15일

초록이 물들다

봄비 한 모금에 젖은 풀꽃
댕기머리 풀어 헤치더니
꽃피우기 바쁘게
짙게 깔려버린 초록세상
서로 부대끼며 아옹다옹
세상 빛 먼저 보려 야단이더니
푸른 하늘 푸른들 푸른 나무
가지끝 마디마다
짙은 초록이 물들다

2022년 4월 14일

내 청춘도 되돌아올까

마지막 잎새가 떨어진다
내 청춘도 하루가 다르게 그러하겠지
봄이다 매화꽃이 젊음을 발산 한다
아리따웠던 내 청춘도 되돌아올까
거울 속에는 내 아버지를 닮은
그 누구의 모습이 피식 웃고 있다

2023년 2월 11일

각자 위치에 있을 때가 아름답다

세상에 모든 물건은 존재의 가치와
제자리에 있을 때가 아름답습니다
똥이 도로에 가 있으면 오물이라 하지만
밭이나 논에 있으면 퇴비라 하지요
쓰레기도 지정장소를 이탈하면
불법투기라 하지만
지정장소에 갖다 두면
생활 쓰레기라 하듯이
어디에 있느냐에 따라
행(幸)과 불행(不幸)이 따릅니다
하여
각자 위치에 있을 때가 가장 아름답습니다

2021년 7월 24일

닮고 싶다

어머니의 깊은 사랑
큰 사발처럼 넘치지 않는
자애로움 닮고 싶다
아버지의 넓은 마음
끈적한 부성애 인자함
배우고 싶다
자식 위해 큰 바위 고목
기꺼이 짊어진 넓고 높은 사랑
아버지 어머니 닮고 싶다

2017년 12월 23일

당신을 닮았나봅니다

나는 당신을 닮았나봅니다
눈 코 입
그것도 모자라 웃음까지도
나는 당신을 닮았나봅니다
걸음걸이
행동 하나도
나는 당신을 닮았나봅니다
등 굽은 걸음걸이
이마의 주름살까지
아버지란 이름까지
나는 당신을 닮았나봅니다

2016년 8월 8일

울 엄마 꽃

세상에 이런 꽃이 얼마나 있을까?
향기는 기본이고 접시꽃보다
고운 색을 발산하는 꽃의 신
바로 울 엄마
지극적 향기와 헌신적 사랑
구수한 된장찌개 속 뚝배기
울 엄마는 제일 아름다운 접시꽃 당신
요양병원에서 누워계셔도
창밖으로 풍겨 나오는
어머니의 향기는 바로 나의 향기
젖무덤에 피어나는
꽃 중의 꽃 울 엄마 꽃
아지랑이 나풀 대는 봄날에 휠체어 타고
꽃 마중 봄 마중 함께 가요

2021년 9월 12일

때가 되면

분명 늦은 봄이면 올것이다

앞도 뒤도 보지않고
매화보다는 조금 뒤지게
아지랑이 앞세워
봄처녀도 함께 데리고
연분홍 치마 봄바람에 펄럭이며
분명,

사랑이 절정에 다다르면
무수한 꽃비도 퍼부어 대는 재미로
벚꽃 이년,

분명히 말일세

2023년 3월 24일

돌려야 먹고 사는 남자

하루라도 돌리지 않으면 죽는 남자
썩은 냄새가 코끝을 파고들어도
음식물 쓰레기 국물이 내 옷자락에 떨어져도
돌리지 않으면 안 되는 남자
그 사람은 바로 금동건입니다
음식물 쓰레기와 떨어질 수 없는
작업자동차의 핸들을 돌리지 않으면
나는 환경미화원이 아니기 때문입니다
돌려야 사랑스런 음식물 쓰레기 치우는
시 쓰는 환경미화원 금동건이기 때문입니다

2022년 9월 30일

나는 오늘도 달린다

오늘도 눈뜨자마자
다람쥐 쳇바퀴에 들어간다
급하면 뛰었다
숨이 목구멍 가득 차면 잠시 쉬었다
힘이 들 때면 마치 모래펄을 걷는 것 같은
땀방울이 온몸을 적신다
그리고는 유유히 아무 일 없었던 것처럼
집으로 돌아와 원점에서
하얀 출발선에 준비를 한다
사는 게 뭔지
아직 답을 찾지 못하였으니까요

2022년 9월 26일

진희는

내 후배 진희는 환경미화원이다
나랑 한 조가 되어 일한 적 있는 동료
마음도 척척 선후배가 아닌 형과 동생
나는 퇴사하여 다른 회사에 근무 한다
가끔 새벽시장에 나갈 때면
진희는 새벽 5시면 비상 깜박이가
깜박 깜박이는 쓰레기차
뒤꽁무니에 매달려 새벽을 달린다
아차하면 도로에 나뒹구는 위험한 직업
당장 그만둘 수 없는 밥그릇이기 때문이다
하루 수차례나 목숨을 내 걸고 사수하는 음식물 쓰레기
수거 작업
어느새 땀방울은 가슴에 파고들었고
새벽의 장막과 생명 줄이 함께하는 사이

2022년 8월 6일

고향집

누렇게 탈색되어가는 벼들을 보며
뒤늦은 시간에 초선대 고향집으로
터벅터벅 발걸음을 옮겼다
조금도 변하지 않은 김해의
여느 곳 못지않게 감나무에 감이 달려있고
단층 양옥집은 그대로 서 있다
다만 주인이 바뀌었다는 것 외에는
아버지 어머니의 숨소리가 들리는 것 같다
내가 심은 느티나무만 아름드리로 자라
마을 수호신처럼 우뚝 서 있어
잠시 위안으로 삼으며 섭섭한 발걸음 돌린다

2022년 9월 10일

힌남노야 고맙다

밤새도록 덜컹거리던 창문이
용케도 참고 견디어
이른 아침 따뜻한 햇살을 맞이하였다
출근길에 만나는 가로수는
얼마나 흔들렸는지 멀미의 후유증에
가슴도 펴지 못한 채 처참한 몰골이다
그것뿐인가 난전보다 더 난전인 도로에는
온갖 쓰레기들로 북새통이다
그나마 다행인 것은 적당히 스쳐간 힌남노가
베스트 하우스 지붕 모서리를
찢고 간 것 외에는 피해는 없다
햇살 가득한 오늘이 아름답고 행복하다

2022년 9월 6일

추석명절

내일도 오늘날 같았으면 좋겠다
송편도 먹고 산적도 먹고
고소함이 진동하는 집안의 냄새도
오늘만 같은 날이면 지겹지가 않겠다
회사에 안가도 되고
머리 싸매고 결재서류와 싸울 일도 없고
늦잠 자도 마누라 바가지소리 안 듣고
그야말로 추석명절이 최고라예
매일이 오늘만 같았으면 좋겠어예
아참! 음식물 쓰레기는 누가 치우나요

2022년 9월 9일

인생도 익어간다

꽃 진 자리 열매가 익어가는 가을
하늘도 몽글몽글 익어간다
벼는 어느새 알알이 땡글땡글
고개를 숙이고 진하게 곰삭는다
죽마고우 친구들에게도 다가온
백발서리에 등 굽어 가는 모습이
마치 내 아버지를 닮은꼴이라
그래도 자식이라도 이 세상에 남겨놓았다는 뿌듯함에
내 인생도 곰삭아 익어가는 것을 느낀다

2022년 9월 11일

생일

추적추적 봄비가 내리는 날
무심코 달력을 바라보다
3월 12일에 붉은 색 동그라미
앗차 딸의 생일이다
지금껏 챙겨주지 못한 생일인데
이번에도 그냥 패스다
아버지의 자격도 상실
무엇에 홀린 듯 스쳐 가는 잔상
내 나이도 환갑을 넘었다
딸의 나이도 30을 넘었다
봄날의 쑥처럼 어여쁜 딸
그저 바라만 보아도 나를 닮은꼴이다

2022년 3월 12일

사랑입니다

당신 귓볼에 느껴지는 온기
내 심장을 더 뛰게 만듭니다
콧구멍으로 뿜어 나오는 따스함이
사랑의 노랫소리로 들리며
내 마음 깊은 그곳까지 전해지는
알싸함이 알알이 익어가는 가을 같습니다
깊은 우물 안 물이 따뜻하듯이
물의 부드러움에 내 마음도
당신의 심장을 맞이할 준비가 되어 있습니다

2022년 8월 27일

제4부
몽당시

봄바람

산 너머 남촌 바람
산을 넘고 들을 넘어
뭉게구름 뜬구름 봄바람 되어
노란 산수유에 앉아
삐약삐약 병아리 되었다

2023년 2월 17일

야화

낮에는 벌 나비 부르느라
꽃향기 바람에 날리더니
밤이면 다소곳 요조숙녀
야화로 돌아와 묵언수행
내일을 위한 수면의 시간

2023년 2월 22일

봄 아가씨

봄 아가씨 아장아장 걸어오다
노란 산수유 꽃을 내려놓고
엉금엉금 오다 서다
천하 동장군도 녹여버린다
아지랑이 아롱아롱
온풍을 몰고 왔다
내 맘 으째 알았을꼬

2023년 2월 23일

매화

엄동설한
시리고
아려도
내 지조는
목숨보다
귀하다

2022년 1월 12일

봄비 내리다

봄비 한 모금에 생기 발랄
톡톡 튀어나오는 초록세상
동지섣달 그믐밤 어떻게 참았을까
부푼 가슴 풀어 헤치는 살구꽃
나도 모르게 사랑에 빠졌다

2022년 3월 14일

입춘이 왔다기에

봄아 소리 쳤더니
작은 떨림으로
매화꽃 아가씨
여기 있어요
배시시 웃는다

2022년 2월 1일

애기동백

고개 돌려 당신을 바라보니
작년에도 올해도 늘 그 자리
발가스레 새초롬한 당신
곱기는 달보다 더 곱다

2022년 2월 12일

인동초

동지섣달 긴 밤 몇 번이나 지세웠을까
북풍한설 모진 칼바람 온몸으로 버티어
피멍 들고 이골이 나것만 살아살아
금은화 꽃피우려는 인동초의 모진 삶

2022년 2월 23일

신어천

초록빛 머플러는
신어천에 나폴 대고
초선대 마애불님
윤슬로 화답 한다

2022년 3월 8일

동백

정열만을 고집하던 너
추락하고도 고고한 자태
절대로 헛점을 안 보이는 그대
불타는 우리의 사랑

2022년 3월 20일

오월의 품속에

오월의 품속에 포근히 안기고 싶다
아카시꽃 향기 가득한 오월의 품속
찔레꽃 하얀 세상 외로움도 쓸쓸함도
잊어버리고 푸른 오월을 노래하고 싶다

2022년 5월 5일

사랑

당신의 숨소리가 가빠지면
나는 두 배의 숨이 가빠집니다
당신의 숨소리가 두 배로 가빠지면
나는 내 삶의 무게를 다 내려놓습니다
사랑은 이런거네요

2022년 6월 7일

매미

숙명의 굴레 땅속에 묻고
칠 년의 긴 터널 속에서
먹지도 보지도 듣지도 못한
칠흑의 세월 속에서
비상(飛上)의 일념 하나로
비 눈 혹독한 추위도 묵묵히 견뎌왔다
껍질 벗는 그날 멋진 노래로 보답하리

2021년 7월 16일

세월이 약이겠지

꽃이 지고 나서야
봄인 줄 알았다고
가는 봄을 그리워하지 말고
오는 여름을 기다리자
어느새 실한 열매들이
토실토실 탐스럽게 익어갑니다

2023년 2월 2일

매일 묻고 매일 답하라

매일 아침 일어나
무슨 일을 할 것인가
묻고 답하여라
매일 퇴근 후
최선을 다하여 일을 하였는지
묻고 답하여라
그러면 인생이 참 아름다울 것이다

2022년 5월 22일

걱정

이래도 걱정
저래도 걱정
그래도 걱정이라면
비움과 버림으로
조금이나마
걱정 덜어 내고
허리 펴고 살아 보세요

2021년 7월 27일

한파

설마 설마하며 하늘만 바라보다
초읽기에 불어 닥친 냉기 덩어리
분주하게 호호 입김을 실어보지만
한파 대비 못한 때늦은 시간에 몸은
언감생심 오돌오돌 날거지를 떤다

2022년 12월 1일

새벽을 여는 사람

새벽 5시쯤 청소차 꽁무니에
비상등이 깜박 깜박
야광 조끼를 입은 환경미화원이
음식물 쓰레기를 비우며 새벽을 깨운다
밤새도록 만찬을 즐기던 고양이
꽁지 빠지게 도망을 친다
장맛비가 가슴을 적셔도
청소차 꽁무니는
새벽을 여는 사람의 밥줄이다

2022년 7월 12일

가을 입성

뜨겁고 뜨겁던
용광로 여름 불덩어리
지 아무리 뜨겁다 한들
가을이란 첫 자락에
꺾여버리고 귀뚜라미 입성
석류 알은 알알이 익어간다

2022년 8월 18일

뙤약볕

봄이 지나 결실의 여름이 왔을 때
풍성한 한가위를 맞이하기 위하여
얼마나 무수한 뙤약볕을 맞았을까
소나기 지나 장맛비가 지나가도
뙤약볕은 빗물의 흔적을 지우기 위해
더 강하게 사과 엉덩이를 붉게 만들었지

2022년 7월 10일

햇빛

햇살이 더운 게 아니라 따갑다
걸음마다 땀방울이 정수를 타고
여름날 소나기가 되어 내린다
오뉴월 중 장맛비가 내려야 하는 시기
서울 중부권은 비로 얼룩지고
부산 경남권은 고온 다습으로 불바다다
사람이 쓰러지고 거북등짝으로
뚝뚝 갈라지는 논밭은 애가 탄다
음식물 쓰레기통 하얀 파리 알은 깨어나
꼬물꼬물 더위도 잊은 채 살아 움직인다

2022년 7월 6일

친구란 말이다

네 마음이 내 마음 같은 친구
눈빛만으로도 알아 챌 수 있는
곰삭은 묵은 지 같은 인연
가슴 깊이 헤아려주는 깊은 우정

2022년 7월 13일

열대야

태양이 구르고 간 자리
온 세상이 불덩어리
화산이 막 흘러내린 흔적
물동이 째
퍼부어도 식지 않으니 으짜스까이
오메
징
한
거

2022년 7월 27일

샅바 싸움

추석을 앞두고
늦여름과 가을 초입이
연일 샅바싸움질이다
후텁지근한 여름은
햇빛을 더 강하게 쬐이고
가을 초입은 안간힘을 다해
반사광선을 발산 한다
결국 붉은 고추는 더 붉게
사과 엉덩이는 발가스레
새색시 연지곤지 세상

2022년 8월 20일

인생이란

살아가면서 배우고
살아가면서 철들고
살아가면서 느끼고
살아가면서 깨닫고
살아가면서
인생의 쓴 맛
단맛도 보고
이슬처럼 사라지는 것이더라

2022년 8월 31일

인간성

꽃이 아무리 아름답다 한들
향기가 없다면 벌 나비 찾아들까요.
만약 금동건이도
인간성 따뜻함이 없었다면
내 주위에 많은 사람들이
나를 믿고 따라 왔을까요!

나 인간성 좋은 사람 맞지요?

2022년 9월 4일

제5부
서정시

금동건 베스트 하우스

금동건 베스트 하우스 앞마당에
벤자민 국화 유채꽃을 심고 싶다
오는 사람 가는 사람 이쁘다
마음을 빼앗아 머물다 가게하고
알콩달콩 풀 뽑아주는 진달래님 사랑으로
매일매일 더 아름답게 피우는 꽃
바람이 전하는 이야기는 지워버리고
꽃잎 씻어주는 여인의 사랑만 느끼며
진달래님이 부르는 구성진 노래에 단잠도 자고
꽃 세상 베스트 하우스 만들고 싶다

2022년 6월 28일

넌 왜 자꾸 떠오르니

넌 왜 자꾸 떠오르니
달도 아닌데
내 붉은 심장에
화살처럼 꽂히려 하니
넌 왜 자꾸 떠오르니
해도 아닌데
양볼 가득 붉게 만드니
넌 왜 자꾸 다가 오려하니
소싯적 첫사랑 잊지 못한 거
다리라도 놓으려 다가오니

2021년 4월 3일

무화과

베스트 하우스 창에 매달린 무화과
짙게 화장한 너의 도도함에
글을 쓰는 나는 아무 생각 없다
누가 그랬지
너는 꽃을 피우지 못한다고
나는 알고 있었지
은밀한 속살 피워내는
너의 아름다움과 설레임
무화과 당신도 꽃을 피운다는 거

2021년 6월 5일

찔레꽃 당신

올해도 당신을 기다립니다
당신이 온다는 느낌이 전율처럼 다가옵니다
어떻게 당신을 맞이하여야 할지
얼굴이 홍당무가 되도록
고민하고 또 고민하고서야
그대 앞에 무릎 꿇고 손 내밀어
다소곳이 맞이하겠습니다
어서 오세요
하얀 드레스 입고 사뿐히 다가오세요
천천히 넘어질까 한걸음 두 걸음
아니 당신 그대로 서 계십시오
내가 당신 곁으로 다가가리요
그대 가슴에 품은 가시에 찔리고 싶어요

2021년 4월 26일

나의 그대가 되어주세요

오지않을 봄과 꽃샘바람에
콧등을 베이고 말았습니다

동잠에 깨어나 내 얼굴에 들이대는
튤립향이 오장육부를 간지럽게
요동치게 만듭니다
그대와 함께 걸었던
지난 봄의 온기도 둘만의 사랑만큼
애잔하게 그대로 간직하고 있지요
황사현상으로 희뿌연 하늘이
조금은 원망스럽지만,
라일락이 뾰쪽이 고개를 내미는
봄바람에 베이고 말았지만
봄은 깊게 푸르게 익어만 갑니다

2023년 3월 27일

청포도는 익어 가는데

칠월이다 가지 끝태기에
청포도 무화과도
사랑되어 익어간다
알알이 송알송알 올망졸망
풋풋한 청춘들의 독식이다
폭염으로 알알이 익어가는
가슴도 울렁거리며 뛴다
청포도 익는 칠월의 만삭에
나도 청포도 같은 포동포동
풋풋한 청춘이 있었지

2021년 7월 1일

능소화 연정

꽃눈물이 너덜너덜 떨어졌다
밤새 무슨 일이 있었던가
임을 기다린 해후의 흔적인가
아니면 만남을 이루지 못한 잔재물인가
예쁘게 더 아름답게 분칠하였는데
눈길 한 번 주지 않은 남정네
나의 바램이고
나의 과대망상이었나
남자는 다 그런 건가
꽃 눈물 다 떨어지고 흉물스러워도
더 위안을 삼고 임을 기다린다

2021년 7월 16일

중년이니까

세월은 깨끗하게 지나가고
하늘에도 뭉게구름 두둥실 하다
밤에 잠을 자는 동안 간헐적으로 끙끙거린다
힘겹게 살아온 훈장의 흔적
희끗 새치 기미 낀 얼굴이 말한다
앞으로 살아가는데 예측 불허의
나잇살이 비구름을 몰고 온다
얼마나 더 건강하게 살아질까?
나 자신에게 물어도 답은 없다고
그냥 주어진 삶에 최선을 다하라하네

2021년 7월 17일

가을이 온 건가요

무더위로 밤새 뒤척이는데
살포시 다가오는 이상한 느낌
분명 누군가 벌거벗은 나의 피부에
달라붙은 것은 분명한데
약간의 싸늘한 감각을 느낀다
천둥번개 소리에 눈을 뜨니
들려오는 소리는 빗줄기 소리였다
아! 그랬구나
베짱이의 노랫가락 소리에
코끝을 스치는 어제와 오늘의 다른 감정
입추의 초입에 시들어버린 불더위도
더듬이가 잘린 듯 허둥지둥 헤매는 모습에
가을이가 기회는 잡은 것인지
여름의 머리를 삼키고 있었다

2021년 8월 8일

하늘이 맑고 깨끗하다

음식물 쓰레기통만 바라만 보다
허리 한 번 펼까 싶어
하늘을 쳐다보니
이렇게 맑고 깨끗한 하늘은 처음이다
깨끗한 도화지에 생각 없이
구름 한 점 그린 것뿐인데
이렇게 아름다운 그림 탄생
와락 눈물이 날 지경이다
노란 음식물 차량과 빨 주 노 초 음식물 쓰레기의
살아 움직이는
여러 색을 보았다는 지독한 그리움 탓일까
안구 가득 시원함을 느끼는 순간이다

2021년 7월 27일

그대 이름은 바람

햇살 따가운 봄날에도 바람은 불더라
미동의 바람에도 꽃은 피고 흔들리더라
지금 흙으로 돌아간다 하여도
그대에게 말하고 싶다
나 후회 없는 삶을 살았다고
당신께 미안했다고
꽃잎은 흔들리는 게 아니라
바람이 내 마음 흔들고 갔다는 것
바람이 지나간 그 자리에는
꿋꿋이 버틴 승리자의 환호
단지 그대는 바람이었을 뿐,

낮달이 빙그레 웃는다

2021년 7월 23일

너도 나도 꽃도 지친 나날

장맛비가 지나간 흔적일까
꽃도 나도 지쳐 누웠다
들판 저 편에는 온통 푸른색이
일렁이며 더위를 물리친다
꽃 진 자리에는 사과의 엉덩이
발가스레 속살을 채우며
풋 호박잎은 더위에 지쳐
온몸은 초죽음이다
매미는 무엇이 그리도 좋을까
주야로 음악을 들려주는 부지런함
청포도 익어가는 고향 뒷동산과
고향의 냄새가 그리워진다
중복 더위 먹은 것은 아니겠지요

2021년 7월 21일

곰팡이

장맛비에 눅눅해진 작업화에
뽀송뽀송 곰팡이 꽃이 피었다
건들면 날아갈 듯한 나약한 생명
사나흘 간 비에 눅눅해진
내 발이 거기 함께 붙었나 보다
꼬릿꼬릿 냄새가 풍겨도
풍성한 먹을거리가 되었는지
배도 빵빵 과식증이 보이더니
흰색 꽃을 넘어 갈색을 지나
포자를 일으켜 날린다 이론 된장
잘 가라 곰팡이 포자야

2021년 7월 10일

시 쓰기 공부방

어느 선생님이 제일 먼저 오실까
한 시간 전에 도착하여
방청소하고 히터 돌리고
선생님들 추우면 어떻게 하나
간식은 마음에 드실까?
주어진 시제에 나날이 환골탈퇴
좋은 글이 가득한 베스트 하우스
내 일생 한 번 있을 만한 굉장한 꿈
시 쓰기 공부방에는 무거운 짐보다
시가 냇물처럼 넘치는
금동건 베스트 하우스

2022년 1월 6일

그대가 그리운 밤에

그대가 그리워 하늘을 바라봅니다
저 멀리 반짝이는 별이
그리운 그대가 아닌가 싶어
호주머니에 구겨 넣어두었던
여러 조각들의 시를 별빛에 씻어
당신께 자랑질하려 써봅니다
그대가 그리운 밤이라고요
달빛도 목이 마른 가
별빛과 친구 되어
옹달샘에 목을 적시고 갑니다

2022년 1월 8일

칼바람이 얼굴을 베었다

새벽에 스치는 칼바람
시리고 쓰리고 따갑게 얼굴을 베었다
저 소나무는 춥지도 않는가
묵묵부답으로
늘 그 자리에서 지켜봐 주는
늘 푸른 소나무
왜 춥지 않을까
다만 얼굴이 없어
밖으로 표현을 못할 뿐이지
간사한 인간만이 울그락 불그락
얄팍한 속내 금방 들어내는 것
칼바람이 뒤통수를 치고 달아나도
간사한 인간 금동건은
음식물 쓰레기통을
알뜰히 비우는 일을
묵묵부답으로 헤집어 가고 있다

2022년 1월 13일

터질듯 한 쓰레기

차곡차곡 무엇이 그리 많을까
버려도 비워도
돌아서면 태어나는 쓰레기
마치 내 마음을 잃어버린 것 같다
줄이자 없애자 사용 금지하자
살려줘 메아리로 돌아오는 신음소리
살고 싶어 숨 쉬고 싶어
무시하는 인간들의 잔인함
쓰레기봉투가 배터지라 담아 배출 한다
쓰레기들이 야금야금 가슴을
뜯어먹으며 불을 지핀다
나만이라도
싱그러운 풀잎으로 햇살의 온기를 스며들게 해야 겠어
쓰레기야 금동건이가 간다

2022년 1월 27일

이쑤시개

이 보게 세상 태어나 너는 누군가의
어렵고 힘든 곳 시원하게 해준 적 있는가
앙상하고 야위어도 쓸모는 최고
더러운 입속 아래위 이와 이 사이
막힌 곳 뚫고 찌꺼기 빼내는 이쑤시개
순간의 선택이지만 기꺼이 바치겠습니다
아랫쪽 쑤시고 윗쪽 이 사이 쩝쩝입니다
어쩌다 부러져도
결코 원망하지 않겠습니까
그래도 대쪽처럼 올곧게 살았다는
자부심으로 사라지겠습니다

2022년 2월 10일

봄 편지

들판의 언저리
흙들이 들썩인다
꼬물꼬물
손끝에 파고드는 전율
냇물도 머리 풀어헤치고
몸을 푸는 시간인 듯
홍매화 피기 전에
우리 한번 만나 사랑하자
봄 편지 받기 전
음식물 쓰레기통에서 봄은 오겠지
무심한 세월이 너무 빠르다야

2022년 2월 8일

늙으니까 서럽더라

너는 젊어보았는가
나도 한때는 잘나가는 시절이 있었지
그 시절 아쉬워하니
늙으니까 서럽더라
육신에 찾아오는 각종 부유물
고혈압 피부 건조증 노안 뼈마디 마다
삐거덕거리는 소리가
살아야하는 삶의 희망보다
매일의 고통으로
복용하는 알약이 순번대기표 받아 놓은 듯
눈뜨는 순간부터 입속으로
순번대기 1번 혈압 약부터 삼킨다
밥보다 약이 나날이 늘어가는 작금
늙고 병든 지친 삶이 버거워
늙으니까 참 서럽더라

2022년 2월 25일

꿈

지난밤
당신의 꿈을 꾸지 못 하였습니다
너무 피곤한 탓이었을까요
당신의 향기가 가득해서 못 찾았나봅니다
할 수 없이 팔베개를 하고 잠이 들었습니다
당신이 깰까 봐, 달빛은 해맑게 당신 곁에 머문다네요
살며시 커튼을 쳤지만 온통 핑크빛이어서
황홀감에 잠이 들었나봅니다
미안합니다
오늘밤에는 당신 꿈꾸어 볼 게요

2022년 3월 16일

나도 아름다웠을 때가 있었다

홍매화도 붉은 동백꽃보다
더 아름다웠을 때가 있었다
사랑 찾아 인생 찾아
정열을 불태워 버리고
뒤돌아보니 눈에 보이는 동백
불태우고 떨어지는
고귀하고 가련함이
마치 나를 보는 듯
나도 미련 없이 떨어지겠지요
슬픈 내 인생아

2022년 3월 16일

사랑이 이런건가요

나도 모르게 찾아든 사랑
내 가슴에 불을 지핀 사람
두근두근 벌렁이는 심장병
사랑이 이런건가요
설레임도 망설임도 막을 수 없는
둘만의 꽁냥꽁냥 장벽도 허물어
서로의 가슴속에 들어 가버린 사랑
벚꽃이 휘날리는 춘삼월
입맞춤도 부끄럽지 않은 연정
오늘은 나비가 되어
당신이란 꽃을 찾아갈 거예요
사랑이 이런건가요 도화님

2022년 3월 20일

내 사랑

눈을 감아도 그립고 보고 싶은
내 사랑
당신과의 사랑이
이렇게 좋으면서
한편으로는 아프네요
내 가슴속에 당신을 향한
보고픈 마음이 호수만 하니
눈을 감을 수밖에 없네요
그리움보다 더한 기다림,
외로움에 고독이 몸부림칩니다

2022년 3월 22일

프레지아 사랑

당신에게 주고 싶은 것은
나의 건실한 사랑입니다
당신에게 얻고 싶은 것은
포근함과 행복입니다
당신과 함께 할 수 있는 것은
진실과 이해 속 따뜻한 정입니다
이것이 당신과 나의
간절한 사랑이겠지요
당신의 마지막 앞날이고 싶습니다

2022년 3월 24일

사랑은 비처럼 찾아옵니다

아무리 찾아도 오지 않던 사랑이
가랑비처럼 살며시 다가왔습니다
그날 밤도 창가에 부딪치던 빗소리
잊을 수가 없기에 목울음이 터집니다
닦아 내어도 고이고 고여
저수지가 되었습니다
비 오는 날이면 사랑 찾아 동반자 찾아
당신 젖가슴 속 내 마음 안착하렵니다
해맑은 웃음이 아름다운 여자
나와 당신 헤어질 수 있을까요
사랑은 비처럼 찾아옵니다 으짜스까이

2022년 3월 26일

개나리는 진달래를 사랑합니다

개다리는 요즘 거울을 자주 봅니다
머릿속에 진달래로 채워졌기 때문입니다
온갖 상상을 해 봅니다
왜냐고요 한 번도 만난 적이 없거든요
복사꽃이 피는 달에는 만날 수 있을까요
콩닥거림과 설렘으로 살아갑니다
개나리 가슴에 새싹 한 잎 돋아났습니다
진달래를 향한 개나리의 마음은 청춘입니다

2022년 3월 27일

그녀를 기다리며

봄바람 휘날리는 벚꽃세상
그녀를 기다리는 마음은 연분홍 세상
설레는 마음은 두근두근 콩닥콩닥
서로 알아보기는 할까
어떻게 반갑게 표현을 할까
처음 만나는 부끄러움 가득
연지공원 호수 가득 당신과 나의
사랑에 꿀물로 채워지겠지
그녀를 기다리는 사내의 조바심
손가락 세며 기다린다

2022년 3월 29일

당신이란 사람

벚꽃이 아무리 아름답다 한들
당신만 하리오
매화향이 지천에 휘날린다 하여도
당신 향기만 하리오
목련꽃이 아무리 우아하다 한들
당신 맵시만 하리오
당신이란 사람 참 아름답습니다

2022년 3월 31일

당신은 목련꽃

봄꽃이 지천에 휘날려도
이쁘게 보이지 않은 이유는
당신이란 사람이 더 아름답기 때문입니다
누구는 그러겠지요
눈에 콩깍지가 씌었다고
이 나이에 무슨 콩깍지냐고요
사랑은 진실 속에서만 꽃피운다고요
당신이란 사람 만나
새로운 인생길에 첫발을 내 딛었습니다
인생은 길지 않습니다
불같은 사랑 사르다
두 손 잡고 아름답게 떠나요

2022년 4월 1일

봄바람입니다

복사꽃 분홍빛을 발산하니
벌 나비는 어디로 갔을까
꽃샘추위에 뽐내고 달아난
매화는 잉태에 들었으니
뒷산 진달래 수줍게 웃음 짓다
새벽녘 가슴 속 찾아든
그 사람과의 사랑이 최고더라

2022년 4월 3일

그날 아침에

꽃비가 내리던 쌀쌀한 그날 아침
사랑 찾아 님 찾아
보라색 베스트 하우스에
트랜치 코트를 입고 서 있는 사람
올림머리 봉오리에
연분홍 꽃비가 앉아있었다
또각 휠 소리 사랑의 세레나데로 들리고
휘날리는 머릿결이 내 콧등을 간지러
그녀의 가슴속으로 빨려 들어갔다
숨이 막힐 정도로 심장이 요동치고
이런 게 사랑인가
그녀에게 물어보았다
분명 사랑이 맞다고
엄마 품속처럼 따뜻한 그날 아침에

2022년 4월 2일

목련꽃에 분 냄새가

우아하고 단아한 목련꽃 냄새
몇 달 전 돌아가시기 전 까지도
어머니 가슴에 풍기던 분 냄새였다
앵두 같은 새빨간 입술은
늘 미소를 머금고 있었으며
엄마 하면 어디선가 나타나는
홍길동 같은 분이셨다
나이 드셔서는 머리위에
하얀 꽃이 피었다
목련꽃 분 냄새 울 엄마 냄새

2022년 4월 4일

꽃비는 사랑이다

손잡고 걸었던 연지공원 둘레길
걷다 서다 그리움이 쌓이는 사랑
연분홍 꽃비도 나폴 춤추는 날
무화과의 속살처럼 붉은 내 입술
그녀를 향한 애틋한 눈빛 사랑
아는지 모르는지 그녀는
나보다 꽃비를 더 좋아 한다

2022년 4월 2일

거베라

당신을 만나면서
다시 태어났습니다
당신 자궁 속 밖으로 나오는 순간
큰 울음 터트리고
배가 고파 가슴을 더듬었습니다
봄 햇빛이 따사로운 그날
우리는 입에서 입으로
회 쌈 주고받으며
둘만의 사랑편지 벚꽃 잎에 실어 보냈었지요
그리움으로 물들인 그날을
영원히 기억속의 추억으로 간직하겠습니다

2022년 4월 6일

동백 이슬

당신만 바라보면 근심걱정
다 내려놓은 듯 행복 했습니다
누이같이 포근함과 큰 무게에
당신 가슴에 얼굴을 부비었습니다
진작에 알았었습니다만
그렇게 힘들고 어려운 줄 미처 몰랐을까요
세간 살이 하나 둘 싼값에 팔아
벼랑 끝에 매달려 살아가시는 당신
지금껏 사랑 한다 좋아한다는 말만
줄줄이 사탕마냥 늘어놓고는
막상 당신이 힘들어 할 때는
물질적인 도움을 드리지 못함이
가슴이 아파 마음 한구석이 내려앉습니다
밤새 뒤척이다 늦은 잠에 든 나
사실 눈뜨기가 싫었습니다
왜냐고요 아무것도 해 줄 수 없는 나
자신이 미안하고 부끄럽기 때문입니다

2022년 4월 7일

당신과 나

매화꽃 꿈틀거리던 어느 날
내 가슴의 심장을 요동치게 만든
당신이 나타났기 때문입니다
지금은 그 매실꽃의 열매가
알알이 익어가는 지금에도
당신과 나의 사랑은 풋풋함으로
안보면 속앓이로 눈시울을
붉게 적시는 그리움으로 나타나
서로가 밤하늘의 별만큼 손꼽아 기다립니다

2022년 4월 8일

당신

바라보지 않아도
멀리 떨어져 있어도
당신은 내 사랑입니다
당신 생각에
먼 하늘만 쳐다보며
햇님을 당신이라 생각합니다
밤에는 별을 세며
그리움으로 가득 채웁니다

2022년 4월 11일

무제

사람 참 복도 많다
중년에도 사랑이 찾아오더라
벚꽃 목련꽃 진달래꽃과도
바꿀 수 없는 순수한 사랑
세상풍파 고진감래 다 겪고
민들레 홀씨처럼 바람 따라
찾아 온 중년의 사랑
어머니 소풍 보내드리고
복이라도 던져 준 것일까
중년의 사랑을 더 불태우리라

2022년 4월 16일

창밖에 비

비가 내린다
밤새도록 천둥번개 까지
무서워 이불속에서
그리운 사람을 그린다
그녀는 비를 좋아하는데
나 때문에 비가 싫다한다
언제부턴가
그녀는 내 직업을 알았다
봄비도 좋아했었는데
비는 무조건 싫다고 한다
그녀와 사랑의 연결고리
좋은 것도 사랑님을 위해서라면
다 버려도 좋다는 그녀
비가 내린다
그녀도 나도 싫어하는 비

2022년 4월 26일

독백

누군가에게 안기고 싶을 때가 있다
빗소리 들리고 찌짐소리가 정겨울 때
바람소리가 그녀에게 전해줄 때쯤
누구의 가슴에 안기고 싶다
길가에 흐드러지게 핀 봄꽃보다
하늘거리는 옷에 걸어가는 처녀보다
그녀가 떠나고 이불에 묻은 향기
가고 없는 그리움으로 가득하다
마음에 고인 당신과 지내온 서너 시간
몰래 눈물을 훔칩니다

2022년 4월 26일

그래도

섬인 듯 섬이 아닌 마음의 섬
그래도 너는 잘할 수 있어
그래도 자네는 행복한 사람이야
그래도 조강지처가 최고더라
그래도 이만하니 다행이야
그래도 밥은 먹고 살잤니
그래도 나도 글을 쓸 수 있어 다행이다
사람은 누구에게나 그래도 라는
섬인 듯 섬이 아닌 마음의 섬
여러 개의 섬을 가지고 산다

2022년 5월 10일

호수 하나

깊은 밤 가슴에 손을 얹고
내 마음을 들어다 보니
큰 호수가 보인다
쪽빛물결이 일렁이는 호수
보지 않아도 없는 거 아닌
진심 호수의 흐름을 느낀다
그 맑은 물 가득 당신의 큰마음이
파도가 되었다 때론 금빛 은빛이
별처럼 쏟아지는 하늘과 같다
마음 호수에 미소의 물결이
샘물처럼 반짝이며 쏟아난다

2022일 5월 22일

또 꽝이다

복권을 한 장 샀다
공짜를 싫어하는데
왠지 좋은 느낌이 들었다
사랑하는 사람도 생기고
당첨금 생기면 노후도 생각했다
휴대폰의 검색 창에
번호를 입력하며
기대 반 설렘 반으로
번호를 연결해보니
또 꽝이다
이론 딘장 다음기회를 기대해보며
아쉬운 마음에 복권을 버리지 못하고 있다
꽝이라서
시원섭섭하다

2022년 5월 26일

수수방관

장미의 가시에 찔린 것 보다
더 아프고 가슴이 아팠다
오라는 비는 내리지 않고
더위는 정수리에 눌러앉아
아픈 상처 도려낸다
순간의 오해와 가시에 찔린
아픔을 참지 못하고
상대방의 가슴을 찔렀다
얼마나 아팠을까
가슴이 아팠다
나 자신이 밉다
아픔을 어루만져 주지는 못할망정
거기에 또 가시로 찌른 나
야속하기 그지없다
전화기 넘어 들려오는 풀 죽은 목소리
허벌나게 반갑고 사랑스럽다
사랑이 무엇인지 잘 몰라서
내일 쓰담쓰담 토닥토닥 호 해줄래요

2022년 6월 1일

쓰담쓰담

이 나이 먹도록 나는 무엇을 하였는가
사랑하는 사람 마음도 헤아리지 못하고
영원히 사랑하고 가시밭길이라도
그림자처럼 따른다고 하였는데
이 나이 먹도록 나는 동전만큼도
깨닫지 못하였으니 바보 천치다
소중하고 아름다운 사람 나의 사랑,
늦은 사랑 오래하렵니다

2022년 6월 2일

대상포진

부르지도 않았는데
내 등짝에 달라붙어 있다
붉은 반점 간지럽게 만들고
때론 바늘로 찌르듯 따갑고 아프다
손톱 밑 까시에 찔려도 겁나 아픈데
등짝에 동전보다 큰 붉은 반점
물집까지 동반하는 통증까지
미치고 폴짝 뛸 노릇이다
이런 연병 몸에 대상포진 접수는
면역력이 부족함이더라
의사님 왈 잘 먹고 푹 쉬어라 한다

2022년 6월 9일

자화상

엄마의 자궁 밖으로 나와
네발로 다니던
올망졸망 그 모습은 어디로 갔을까
바람처럼 지나가 버린 세월
찌들고 빛바래서
얼굴은 누군지 잔주름이 바글바글
나이 먹고 늙으니
지식은 많이 배우고 깨쳤는데
아직도 고개를 숙이지 못하고 있다
무슨 미련 욕심이 남아 있는지

2022년 6월 13일

당신을 기다렸습니다

기다렸습니다
당신께 빌고 또 빌었습니다
봄의 끝자락이 남긴 흔적이 너무 큽니다
대지는 목마름에 아우성이고
남아 있는 고추 고구마 상추 묘가
시들시들 병든 것처럼 당신을 기다렸습니다
가뭄이 골 깊게 파고드는 이 상황에
한시가 급한 싯점이라
하늘나라 먼 당신께 늘 기도합니다
시원한 단비 한모금만 뿌려주소서

2022년 6월 14일

미안합니다

당신의 마음을 헤아리지 못해 미안합니다
무슨 말이든 당신 말이 옳았는데
딴청부리고 응석을 부려서 미안합니다
당신의 작은 소리도 크게 들어야 했는데
잊어버리고 지워서 미안합니다
늦게서야 깨치니 이미 늦어버린 것을
당신의 마음을 헤아리지 못해 미안합니다

2022년 6월 14일

시어 찾아

머리를 쥐어 짤 일이 없다
남들은 은근히 시어를 찾는 게
엄청 힘들다고 하는데
나에게는 별일이 아니다
길거리 모든 사물이
별처럼 반짝 달처럼 두리 뭉실
아름다운 시어가 쏟아진다
숨바꼭질을 할 이유가 없다
보물찾기하듯 어려운 일은 아니다
그냥 호기심 발동으로
생각이 가는 데로 연필을 굴리면 끝

2022년 6월 17일

사랑이란

사랑이란
어떤 존재인가
보이지도 않고
만져지지도 않는데
그토록 애가 타는가
안보면 보고 싶고
보면 얼굴 빨개지는 홍당무
사랑이란 내 심장을
당신에게 던져줘야 보일까
사랑아 어디에 숨었니
그녀와 함께 있는데도
보이지 않는 사랑

2022년 6월 23일

장맛비 2

새벽 창에 장맛비가 두드린다
불필요한 것 같으면서도 필요한 장맛비
인위적으로 어찌할 수 없는 자연의 이치
때론 위협도 포근함도 주지만
나는 아무것도 할 수가 없다
그냥 하루 지나 달이지나
장맛비가 멈출 때를 기다리는 것
장대비 맞아도 음식물 쓰레기 수거해야 하는
나의 의무이며 살아가는 길
어린아이 마냥 좋아 할 일은 아닌
힘들고 외로운 나의 길 환경미화원

2022년 6월 24일

장맛비 1

장대비가 정수리를 흠뻑 적셔도
가야 할 길은 이미 정해져 있다
다들 어디에 가는지 빗물을 튀기며
쏜살같이 달아난다 바쁘다 다들
나만 바쁜 줄 알았는데
뚜껑을 박차고 빗물을 마시겠다고
빨 주 노 초 색색을 들어내는 음식물 쓰레기
우중에는 깨끗하게 씻어져 참 이쁘다
서로 자기 얼굴 봐 다라고 졸라 댄다
음식물 쓰레기 살아있다
오히려 나보다 더 바쁜 음식물 쓰레긴지 모른다
이 녀석들을 다 치우고 나면 너무 행복하다
몸은 지치고 육신은 비로 다 적셨지만
귀한 몸 무사히 잘 모셨다 라는
안도의 기쁨이 두 배가 된다

2022년 6월 28일

지금은 장마

오라가락 장대비가 내리다
다소곳 햇빛을 보여주다
살금살금 이슬비도 뿌리는 장마철에는
사랑도 젖고 그리움도 젖고
빨래도 누근누근 마음까지도 젖는다
젖고 또 젖고
골목길은 빗물 대청소가 한창이다
그냥 두면 내가 다 쓸 건데

2022년 6월 30일

매미의 사랑노래

장맛비가 처연하게 지나간 흔적에
너도 나도 노래를 부른다
일주일을 살기위해 이 세상에 태어나
누구보다 부지런을 떨어야
암컷을 만나 사랑을 하고
다시는 올 수 없는 먼 길 떠나야 하니
바쁘기는 나보다 더 바쁘다
간혹 음식물 쓰레기통 안에 꼬물거리는
작은 생명도 태어난 순간부터
치열한 경쟁과 사투는 전쟁이다

나는 알았단다
불철주야 사랑의 노래를 부르는지를,
음식물 쓰레기통에 구더기가 왜 들어가 있는지를

2022년 7월 29일

가을 한 알을 주웠다

고추잠자리 나풀나풀 하늘을 날고
발가스레 석류는 마지막 꽃단장에
가을이 온지도 모르는 것 같다
유난히도 빛나는 보름 달빛 아래
음식물 쓰레기와 사랑에 빠진 사이
하늘에서 떨어진 노란 은행 한 알
데구르르 발 앞에 멈추어
내 발목을 부여잡는다
앗싸라 비아 왕 재수 좋은 일이 있을까
노랗게 물든 은행 한 알
가을 한 알을 손쉽게 주웠다

2022년 9월 13일

아프지 마세요 울지 마세요

아프지 마세요
당신이 아프면 다 무슨 소용이 있을까요
당신이 아프면 나는 살 이유가 없다오
아프면 모든 게 다 필요가 없다오
기침도 곡기도 다 끊고 싶어요

울지 마세요
당신이 울고 있다면
내 가슴은 숯덩이가 된다오
당신이 운다면 천지도 서러워한다오
당신은 당신만의 당신이 아니잖아요
그리고 나 있잖아요
아프지 마세요
울지 마세요
잘 먹고
잘 싸고
잘 자고
모두 내려놓고 쉬어요

2022년 9월 9일

글을 마치면서...

　나도 철학자... 소크라테스 형은 '너 자신을 알라.' 하셨고 알렉산드르 푸시킨 형은 '삶이 그대를 속일지라도 슬퍼하거나 노여워 말라.'고 하셨지요. 금동건은 '비워라, 그러면 보일 것이다.' 라고 세상에 남기고 싶습니다.

　시인이 된다는 것은 쉬운듯하지만 힘든 일입니다. 고목나무에 꽃을 피우려는 심정으로 갈고 닦고 정진함이 찐 시인입니다. 내 인생의 꽃을 피우는 것은 내면 외면 다 꽃 피우려는 찐 시인의 길에서 시는 무엇일까요? 베스트셀러 작가가 되어도 모릅니다. 인생의 희로애락 그리고 사물 속에 숨어있는 잔 보석을 찾는 은근 슬쩍 매력과 열정 집착을 주는 카타르시스라고 말을 해도 될까요! 아니면 테스형에게 물어볼까나요.

　그리고 나의 베스트 하우스는 풀 하우스입니다. "언제든지 오십시요. 발길 닿는 대로 피곤하시면 잠시 쉬었다 가세요." 베스트 하우스는 늘 그 자리에서 누구든 환영합니다. 추우면 추운대로 더우면 더운 대로 글 한 편 쓰시거나 시 한 편 읽고 가세요. 테스형 노래도 한 곡 부르고 따뜻한 차도 준비되어 있습니다. 오늘은 어쩐지 당신이 오실 것 같은 좋은 예감이 듭니다.

2023년 4월에...

| 발행인의 말 |

금 시인처럼 그렇게...
- 금동건 시인의 세월은 묵은 장맛이다.

박선해 발행인

　금시인의 겉모습은 그야말로 전형적인 토속형이다. 그렇지만 그 삶의 본질은 메주처럼 성실한 자연이다. 메주는 땅의 본질인 밭고랑을 일구어 낸 부성과 모성이 함께하는 땅과 사람의 익은 사랑으로 만들어진 진실한 곡식 덩어리이다. 메주는 아버지의 힘인 손발로 다듬고 딛고 매만져야 반듯하다. 그 정성을 소금 간으로 우려낸 엄마의 장맛이라고 본다. 그러한 과정을 살피면 금동건 시인의 삶과 흡사하다. 그렇게 자신의 생명을 애중지하며 시 문학이라는 장르로 거창하게 내세우지 않으면서도 오로지 심취하듯 쓰고 있다. 직업조차도 한권의 시처럼 살아왔다 해도 과언이 아닐 정도로 끊임없는 그의 인생길에서 자신 있게 말한다.

　엄동설한에 꽃망울 맺어 섣달그믐에 터트린 봄빛 화장을 하고 매화는 나왔다. 또한 매화의 봄빛처럼 뽀얀 빛이 얼굴을 내밀었던 삼월이 지났다. 이런 계절이 오면 금시인은 어쩌면 당연한 자연의 순리라 해도 '쌀쌀맞은 날씨에 냉정한 은빛들이 몸속으로 스며들면서 멍이 들어 얼마나 아팠을까! 아무것도 모르면서...' 내심 이러한 마음가짐으로 매화 피우는 과정을 자신의 삶에 회상을 덧입힐 것이다. 순수했던 지난 시들과 더불어 더욱 농축되어 가는 금동건 시인의 시는 수만 대중 삶의 현실에 깨달음과 지혜를 안겨주고 위로가 되어 주리라 믿는다.

그는 마음을 내리고 다스림을 누구보다 진실 되게 안다. 우리가 먹고 버린 음식물 더미를 수거하며 자연히 습이 된 이치로 자신을 만든 삶이 한 소절 한 소절 철학이 배여 있다. 자신을 알아보고 마음의 자유를 얻고, 버리고 취하는 삶의 몫을 직업과 생활에서 판단하는 자세를 가졌다. 그러기에 최선과 차선의 위치를 다루고 삶은 차근차근 나아가는 것임을 금동건 시인의 시에서, 현실에서 읽어 본다. 잘난 것 없는 자신이 이 혹독한 생애를 잘 살다 가는 길은 자신을 견디는 것이라 한다. 시처럼 그의 생애 철학을 어찌 응원하지 않겠는가! 그에게 갈채를 보낸다.

금 시인처럼 살아 있어라! 행복하여라!

| 축하메시지 |

『아버지, 중절모』 출간을 진심으로
축하합니다.

성 례

   금 시인과의 첫 인연은 tv N 유 퀴즈 온 더 블럭 (86회) 시 쓰는 환경미화원 금동건 시인편을 보았습니다. 고된 환경에 굴하지 않고 긍정적이면서 밝은 미소로 일하시는 모습을 보는 순간 희망의 전도사 같은 느낌을 받았습니다. 그래서 곧바로 서점으로 달려가 제 5시집 <비움>이란 시집을 구입하여 읽어 보았습니다.

   어렵지 않게 읽히면서도 감명 깊게 파고드는 금 시인의 시에 또 한 번 감동을 받았습니다. 금 시인의 시는 때 묻지 않은 따뜻함이 있고 시속에 꾸미지 않는 순순함이 읽는 사람에게 감동을 주며 미소를 짓게 합니다. 그래서 저는 금 시인의 독자가 되었고 펜으로 좋아합니다. 금 시인이 일 대 일 시 쓰기 수필 창작 공부를 무료로 가르쳐 주셨습니다. 너무 재미있게 귀에 쏙쏙 들어와 누구나 배울 수 있을 것 같았습니다. 그 후 금시인의 등단 추천도 받아 월간 시사문단에 시 부문 등단과 계간 신정문학에 수필과 동시 부문 등단도 하게 되었습니다. 금동 문학회 회원님들과 김해 지원 사업에도 함께 동참하여 매주 토요일 장유 무계리에 계시는 어르신들과 함께 수업을 하게 되는 영광도 얻게 되었습니다. 할마이 할바이 청춘 시집도 출간하고 발표사례에서 좋은 성적인 우수상도 받았습니다. 금동건 시인의 순수함과 능력을 볼 또 다른 탁월한 저력을 보았습니다. 제 6시집 <아버지, 중절모> 출간을 진심으로 축하드립니다.

   5집 비움에 이어 아버지, 중절모도 베스트셀러가 되기를 바랍니다. 글 습작 열심히 하시고 7집 8집 꽃길만 걷으시길 바랍니다. 축하드립니다.

제자 송란 성 례
2023년 4월에...

사랑의 메모장